Weltherrschaft

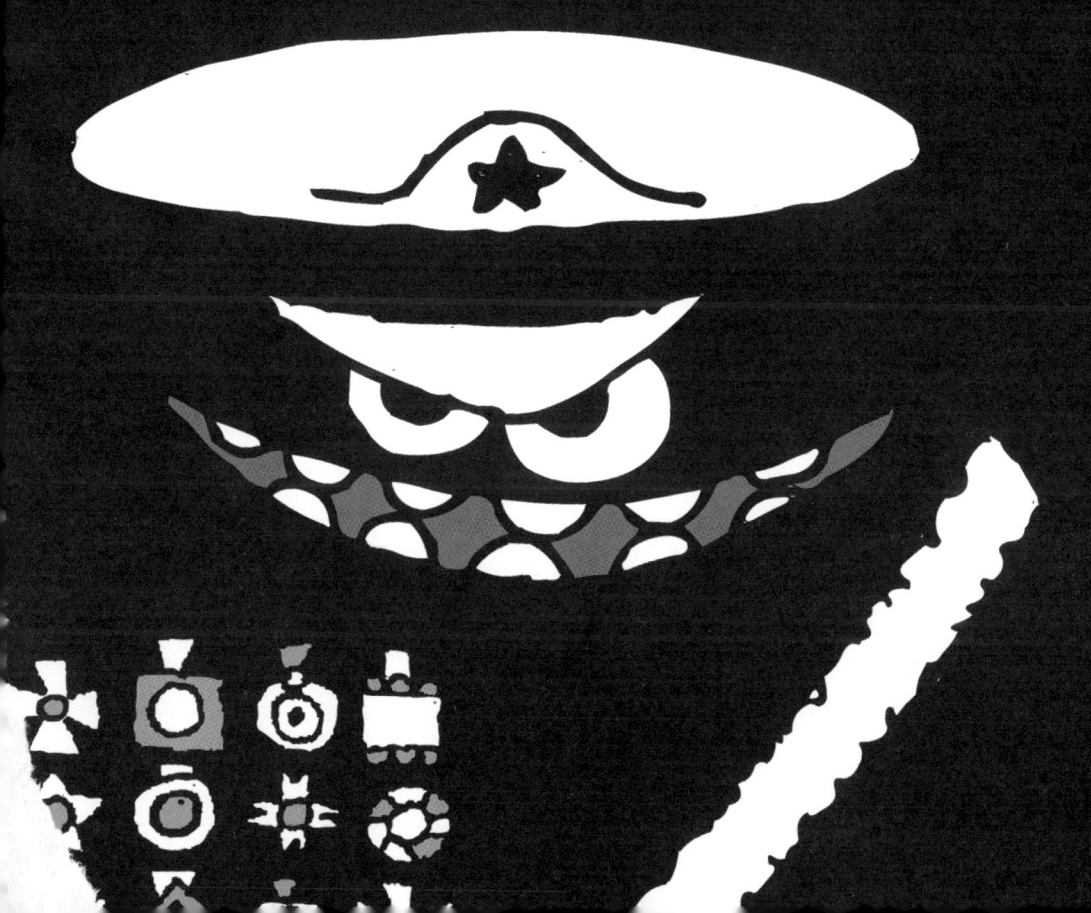

Die finsteren Schergen.

Der Sohn des Tyrannen.
Die Tochter des Tyrannen.

Die Medien.

Eine Freundin.

Papa Dictato

Das Volk.

Mussolini, Kater.

…leinherrscher.

Meier und Maier, Geheimpolizei.

Papa Dictator, der skrupellose Tyrann, geht seinen täglichen Amtsgeschäften nach.

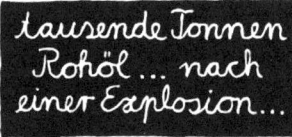

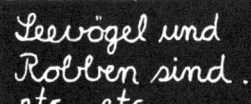

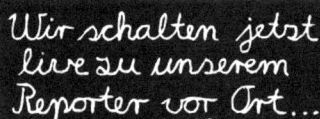

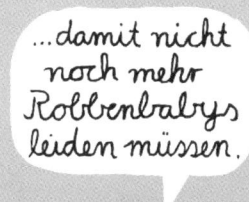

Was ist in der Kiste?

Endlich bequem von zu Hause aus online shoppen.

Papa arbeitet immer bis tief in die Nacht an seinem Computer.

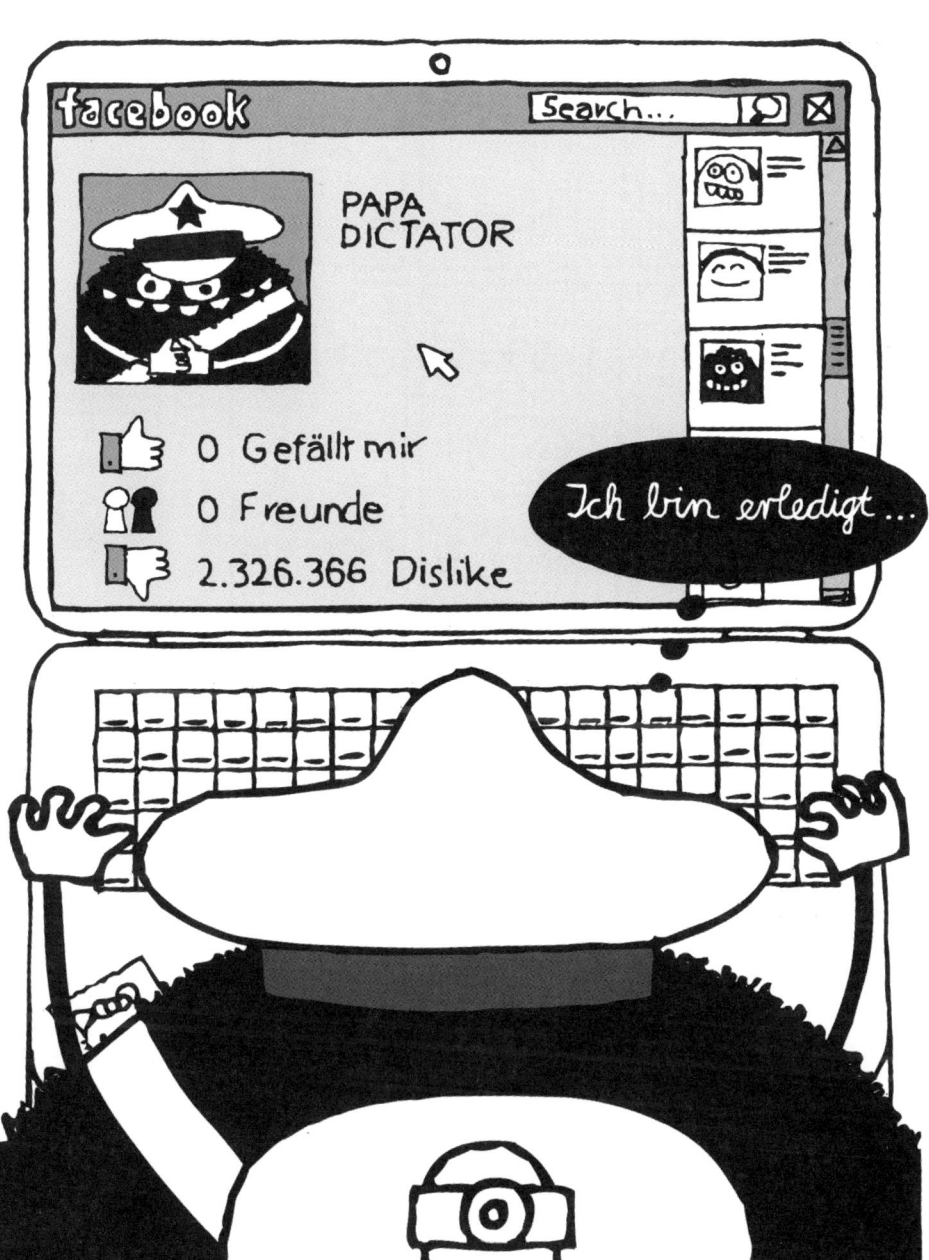

Die Menschen vernetzen und verabreden sich.

Aber wir haben trotzdem Spaß!

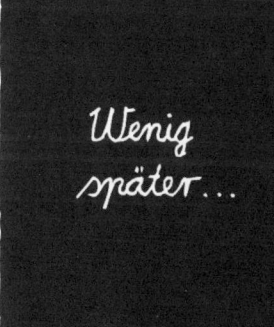

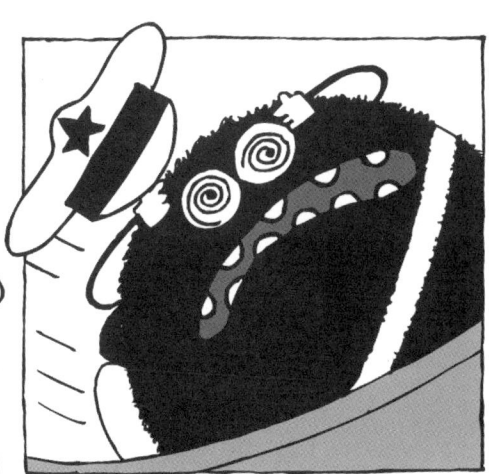

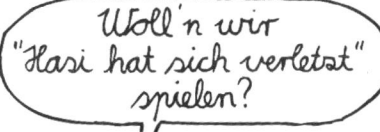

Alle in der Stadt lieben Papa.

Er hat die meisten Orden.

Auch von mic im Jaja Verlag
erschienen sind:

Papa Dictator
ISBN: 978-3-943417-29-6

Papa Dictator hat Geburtstag
ISBN: 978-3-943417-46-3

Papa Dictator will ins Internet
ISBN: 978-3-943417-68-5

Papa Dictator kommt auf den Hund
ISBN: 978-3-943417-85-2

Papa Dictator kriegt Besuch
ISBN 978-3-946642-28-2

Papa Dictator liebt die Bombe
ISBN 978-3-946642-45-9

Papa Dictator hat Frühlingsgefühle
ISBN 978-3-946642-83-1

Die Katze des Dictators
ISBN 978-3-948904-10-4

Impressum

Autor:
Michael Beyer a.k.a. mic
lololand.com
facebook.com/WeLoveDictator

Herausgeber:
Jaja Verlag
Fein illustrierte Machwerke
Tellstr. 2, 12045 Berlin
jajaverlag.com

Dritte Auflage: Mai 2022
Zweite Auflage: Dezember 2018
Erstausgabe: September 2016
© mic und Jaja Verlag

Druck: Balto Print, Vilnius, Litauen
ISBN 978-3-946642-00-8
15,00 €